LOI DU 30 MARS 1872

PAYEMENT

DE

L'INDEMNITÉ DES LOYERS

A TOUS LES

PROPRIÉTAIRES ET PRINCIPAUX LOCATAIRES

DE LOGEMENTS DE 600 FR. ET AU-DESSOUS

Par J. HEU, ancien notaire

Directeur du journal *le Moniteur de la Propriété*

PRIX : 60 CENTIMES

EN VENTE

DANS LES BUREAUX DU JOURNAL

LE MONITEUR DE LA PROPRIÉTÉ

RUE RICHELIEU, 15

DÉPOT : 10, RUE DU CROISSANT

JUIN 1872

PAYEMENT

DE

L'INDEMNITÉ DES LOYERS

LOI DU 30 MARS 1872

PAYEMENT
DE
L'INDEMNITÉ DES LOYERS

A TOUS LES

PROPRIÉTAIRES ET PRINCIPAUX LOCATAIRES

DE LOGEMENTS DE 600 FR. ET AU-DESSOUS

Par J. HEU, ancien notaire

Directeur du journal *le Moniteur de la Propriété*

I. Texte de la loi du 30 mars 1872. — Rapport de M. Courbet-Poulard à l'Assemblée nationale.
II. De ceux qui ont droit à l'indemnité. — Des propriétaires et des principaux locataires qui n'ont pas fait leurs déclarations.
III. Mode de payement de l'indemnité. — Délibération du Conseil général de la Seine du 23 avril 1872. — Commission nommée pour l'examen des déclarations.

PRIX : 60 CENTIMES

EN VENTE

DANS LES BUREAUX DU JOURNAL

LE MONITEUR DE LA PROPRIÉTÉ

RUE RICHELIEU, 15

DÉPOT : 10, RUE DU CROISSANT

JUIN 1872

PAYEMENT

DE

L'INDEMNITÉ DES LOYERS

I

Loi qui autorise le département de la Seine à contracter un emprunt ou à émettre des obligations pour le payement de sa part dans l'indemnité des loyers.

(Votée le 30 mars 1872 ; promulguée le 5 avril.)

Art. 1er. Le département de la Seine est autorisé, conformément à la demande que le conseil général en a faite, à appliquer au payement de la dépense mise à sa charge par la loi du 21 avril, sur les loyers :

1° Le montant d'un prélèvement à opérer en 1872, 1873 et 1874 sur les ressources créées par la loi du 10 août 1868 ;

2° Le produit d'une nouvelle imposition extraordinaire de 6 centimes additionnels au principal des quatre contributions directes, qui pourra être recouvrée pendant quatre ans, à partir de 1875.

Art. 2. Le département de la Seine est également autorisé à contracter un emprunt ou à émettre des obligations pour le payement de la dépense déterminée par l'article 1er ci-dessus. — Le taux de l'intérêt ne devra pas excéder 6 pour 100, et la durée de l'opération sera limitée à sept ans à partir de 1872.

Le montant de l'emprunt à réaliser ou la valeur totale des obligations à émettre ne pourra dépasser le contingent mis à la charge du département par l'article 8 de la loi du 21 avril 1871.

Art. 3. Si le département fait appel au crédit, le service des intérêts et le remboursement du capital seront assurés sur le produit de l'imposition de 6 centimes à recouvrer en vertu de la loi du 10 août 1868 et de la présente loi.

Rapport fait au nom de la 9e commission d'intérêt local chargée d'examiner le projet de loi tendant à autoriser le département de la Seine à consacrer des ressources extraordinaires au payement des dépenses mises à sa charge par la loi du 21 avril 1871, sur les loyers, par M. Courbet-Poulard, membre de l'Assemblée nationale.

Messieurs, le Conseil général de la Seine s'est occupé, dans sa séance du 10 novembre dernier, de la question des loyers, à régler conformément aux dispositions de la loi du 21 avril 1871. Il a décidé qu'il y avait lieu, à lui, de ratifier l'engagement conditionnellement pris en son nom, et d'assumer en conséquence la charge qu'imposait éventuellement au département de la Seine cette même loi, par son article 8, ainsi conçu :

« Dans le cas où le département de la Seine, qui y est d'avance autorisé, consentirait à payer à tous les propriétaires de logements, dont le prix annuel est de 600 francs ou moins, le tiers de ce qui leur restera dû par les locataires sur les termes échus en octobre 1870, janvier et avril 1871, sous la double condition que les propriétaires donneront quittance définitive du surplus et maintiendront leurs locataires en possession pour le terme d'avril à juillet prochain, l'Etat participera pour un tiers à ces payements, sans que cette participation puisse dépasser dix millions de francs. »

Or, Messieurs, l'enquête ouverte par l'administration, pour arriver à connaître le montant des sommes dues aux propriétaires placés dans les conditions que le législateur a si nettement définies, donnerait, d'après le relevé des déclarations consignées aux différentes mairies, un chiffre de 38 millions.

Et le chiffre de 38 millions, qui ne saurait être dépassé dans aucun cas, attendu que les intéressés ont été régulièrement avertis d'avoir à se présenter, avant le 10 novembre, sous peine de forclusion, ce chiffre ne manque pas de chance de subir, plutôt, quelque réduction le jour où un œil scrutateur, pénétrant dans chaque dossier, découvrirait et déconcerterait certaines exagérations, certaines habiletés qui auraient pu s'y glisser.

Bien que l'évaluation plus ou moins approximative de 38 millions ne soit pas assez stable, assez solide pour servir de base définitive à nos calculs, nous l'admettons néanmoins ici, mais sous toutes réserves, afin de ne point faire pâtir davantage des intérêts légitimes qui attendent depuis bien longtemps déjà.

Donc le tiers de 38 millions, soit 12,700,000 francs, forme la créance maximum des propriétaires ; et cette créance s'adresse aujourd'hui, jusqu'à concurrence de 8,467,000 francs au département de la Seine, jusqu'à concurrence de 4,233,000 francs à l'Etat.

Pour se libérer chacun en ce qui le concerne, l'Etat et le département ont, l'un et l'autre, pris leurs mesures.

Le Conseil général de la Seine se propose d'acquitter, au moyen de sept annuités, productives d'intérêt pour les indemnitaires, le tiers à la charge du département.

Le ministre des finances adopte, pour l'autre tiers incombant à l'État, le même mode de libération.

Les deux opérations, si naturellement connexes, se fondant en une seule, les créanciers se trouveront en présence d'un débiteur unique. De là, une grande simplification dans le fonctionnement de la liquidation générale et une économie considérable de frais pour les ayants droit, qui se trouvent dispensés désormais de démarches indécises et fatigantes, de dérangements multiples et onéreux.

Une commission mixte de dix membres, dont la haute compétence et la consciencieuse perspicacité sont garanties à l'avance par le choix tout spécial dont ils seront l'objet, soit de la part du ministre de l'intérieur, soit de la part du Conseil général de la Seine; une commission aura pour mandat de contrôler la valeur des différentes demandes qui se sont produites, de donner à chacune la satisfaction qui lui appartient, d'arrêter les tentatives plus ou moins hasardées et d'embrasser tous les détails d'exécution relatifs au payement.

Une combinaison pour la libération simultanée des

deux dettes exprimera en un même titre, émis par le département comme principal débiteur, la créance en partie double qui est à solder.

L'Etat, lui, inscrira à son budget l'annuité de 750,000 francs correspondant à la part contributive du Trésor, et grâce à l'échelonnement de ses 4,233,000 fr. sur sept années, les prévisions budgétaires de l'exercice ne seront nullement atteintes.

Déjà, afin d'entrer dans cette voie, le Gouvernement a déposé le 14 mars courant un projet de loi pour l'ouverture d'un crédit de 750,000 francs qui représente la première des sept annuités du contingent dont il est redevable, ce crédit portant sur l'exercice 1872.

Quant au département de la Seine, son Conseil général a voté l'acquittement de sa quote-part en sept annuités parallèles aux annuités de l'État ou plutôt confondues avec elles.

Il propose de prélever les trois premières sur le produit des 6 centimes autorisés en 1868.

Et comme cette imposition expire en 1874, il sollicite sa prorogation jusqu'en 1878, de manière à pourvoir, moyennant cette ressource, aux exigences des quatre années suivantes.

En réalité, la nouvelle imposition n'aurait pas d'autre effet que de maintenir, de 1875 à 1878, la position actuelle du département, au point de vue des centimes extraordinaires.

Le Conseil général de la Seine demande, en outre, que le département soit admis à s'imposer extraordinairement pendant quatre ans, à dater de 1875, 6 centimes additionnels au principal de quatre contributions directes, pour en affecter le montant selon les intentions de la loi du 21 avril.

Il ressort du tableau qui constate la situation de ses

centimes additionnels, que le département de la Seine peut, à l'heure qu'il est, s'imposer :

1° En vertu de la loi du 10 août 1856, 10 centimes additionnels extraordinaires jusqu'en 1866;

2° En vertu de la loi du 10 août 1868, 10 centimes additionnels extraordinaires jusqu'en 1874, ou, au total, 16 centimes de 1872 à 1874;

Et seulement 10 centimes de 1875 à 1886.

Il résulte d'ailleurs, Messieurs, des éléments de comparaison qu'offrait, le 30 novembre dernier, la statistique officielle sur le recouvrement de l'impôt :

1° Que le nombre des douzièmes recouvrés était, pour le département de la Seine, de 7.29, et, en moyenne, pour les autres départements, de 9.93;

2° Que les frais de poursuites s'élevaient, à la même date, au chiffre de 2.31 p. 100, sur une proportion générale de 1.19.

Cette différence, au préjudice de Paris et de sa banlieue, par rapport au reste du pays, pourrait s'expliquer par diverses considérations; mais il suffit d'en faire ressortir une seule, c'est que les rôles n'ont pu être émis qu'à une époque fort avancée de l'année et qu'il a dû nécessairement s'ensuivre un retard dans la rentrée de l'impôt.

Votre commission, Messieurs, ne croit donc pas, au point de vue des intérêts du recouvrement, qu'il y ait là un obstacle à la nouvelle imposition, d'autant qu'elle n'élèverait encore le nombre des centimes extraordinaires de la Seine qu'à 16 centimes, quotité inférieure à la moyenne des centimes de même nature autorisés en 1871 pour l'ensemble de la France (16.92).

Il est inutile d'ajouter que si, par un virement nécessaire ici, on prend, de 1872 à 1874, sur la dotation afférente aux bâtiments divers et aux routes du département, on se hâte de restituer, sur les contributions extraordinaires de 1875 à 1878, les emprunts qu'on avait dû faire à ce fonds spécial, pour répondre incontinent à des besoins de toute urgence.

Pour résumer, Messieurs, le département de la Seine accepte l'obligation d'indemniser, de concert avec l'État, les propriétaires qu'a couverts de sa protection la loi du 21 avril 1871, et il l'accepte dans les conditions normales que nous avons eu l'honneur de vous exposer.

Pour s'assurer les ressources indispensables au service de ses annuités :

1° Il prélèverait pendant trois ans, à partir de 1872, un crédit annuel de 1,498,176 francs sur le produit de l'imposition extraordinaire de 6 centimes créée par la loi du 10 août 1868, pour des travaux divers dûment déterminés;

2° Il s'imposerait extraordinairement 6 centimes pendant quatre ans, à partir de 1875, pour en affecter le produit, évalué à 10,699,000 fr., tant au payement des annuités promises qu'au remboursement du prêt fait par la dotation des bâtiments et des routes du département de la Seine.

Quant à la forme et aux conditions d'émission des titres, le Conseil général s'en est préoccupé, et sa prévoyance se révèle dans la délibération du 10 novembre, où on lit, article 5 :

« M. le préfet de la Seine est autorisé soit à créer et à remettre aux parties prenantes des bons échéant de 1872 à 1878 et portant un intérêt fixe ou différentiel, soit à négocier avec un établissement de crédit l'escompte des sept annuités prélevées sur le produit de l'imposition des dix centimes, ou bien encore à se procurer, par une émission publique, les fonds nécessaires, sans que, dans aucun cas, la somme des escomptes ou intérêts alloués puisse dépasser 6 p. 100 du capital effectif. »

Cette disposition est de nature à épargner bien des embarras à l'administration de la Seine, attendu que ce département, émancipé (quant à Paris du moins) sous bien des rapports par les lois du 15 avril 1871 et du 31 janvier 1872, reste toujours, dans la matière qui nous occupe, soumis à une législation spéciale, puisque, conformément à l'article 14 de la loi du 18 juillet 1866, maintenue en vigueur par celle du 16 septembre 1871, il ne peut contracter d'emprunt sans y avoir été autorisé par l'Assemblée nationale.

Votre 9e commission d'intérêt local, Messieurs, ne voit que de la sagesse et de l'opportunité à s'associer par son approbation à la mesure dont il s'agit et à la sanctionner par l'article 3 de la loi qu'elle a l'honneur de proposer à votre adoption.

II

De ceux qui ont droit à l'indemnité. — Situation des propriétaires qui n'ont pas fait leurs déclarations du 30 septembre au 15 octobre 1871.

Pour examiner ces différents points avec toute l'attention qu'ils méritent, il est indispensable de remonter à l'origine de l'indemnité, à la loi qui l'a créée, et de suivre avec soin les phases qu'elle a successivement traversées. C'est ce que nous allons faire aussi brièvement que possible.

§ 1er. *Historique. — Loi du* 21 *avril* 1871. — *Délibération du Conseil général de la Seine du* 10 *novembre* 1871.

I. Le 21 avril 1871, l'Assemblée nationale, se fondant sur la situation exceptionnelle que les événements d'un malheureux siége avaient apportée dans les relations entre propriétaires et locataires, prenait une mesure grave. Elle décrétait que le respect dû aux conventions librement consenties devait fléchir devant les malheurs publics. En conséquence, elle instituait des tribunaux, exceptionnels comme la situation, dont les membres, ne relevant que de leur conscience, étaient appelés à vidér, entre les deux catégories d'intéressés, les contestations relatives aux loyers du siége, et avaient même, dans certains cas, pleins pouvoirs de libérer les débiteurs de leurs obligations.

Cette mesure était, en fait, un sacrifice obligatoire imposé à un groupe de citoyens au profit d'un autre groupe ; elle dérogeait à cette règle de droit naturel qui veut que, dans une société régulièrement constituée, les charges publiques soient réparties proportionnellement entre tous les sociétaires.

Même en acceptant le cas de force majeure, la décision de l'Assemblée souveraine n'est-elle pas critiquable à différents points de vue ? Elle peut assurément soulever des questions délicates et susceptibles de controverse. Mais nous ne voulons pas les discuter ici, par deux raisons : la première, c'est qu'elles sont étrangères à notre objectif, et la seconde, c'est, il faut l'avouer à la décharge de nos législateurs, que la position était fort embarrassante. Ce que voulait, avant tout, l'Assemblée, c'était de faire une loi d'apaisement et de conciliation. A-t-elle atteint son but? Tout en ayant lieu d'en douter, il faut savoir reconnaître et constater l'intention qui a dominé le vote.

Aussi la seule conséquence que nous veuillions tirer de ces prémisses est celle-ci : Si la loi est une loi de dure nécessité, *dura lex*, tout au moins faut-il, à titre d'atténuation, appliquer largement et ponctuellement à ceux qu'elle atteint les dispositions adoptées pour en adoucir la rigueur. Des engagements ont été pris ; les exécuter est plus que de la justice, c'est un devoir, et ce devoir est d'autant plus impérieux que les obligations ont été contractées par les représentants de la nation française.

II. Après des hésitations que nous ne blâmons pas, mais que nous constatons, l'Assemblée, pour atteindre plus sûrement son but de pacification, surtout au sein de la population ouvrière, se rallia à l'idée d'exonérer les logements de 600 francs et au-dessous du payement des trois termes d'octobre 1870, janvier et avril 1871. Libérer complétement les locataires était chose facile ; mais qui devait supporter la charge de la libération ? Devait-on la mettre entièrement sur le dos des propriétaires? C'était, dans ce cas, se montrer aisément généreux avec la bourse d'autrui, et frapper une catégorie de propriétaires qui n'est certes pas la moins digne de la sollicitude administrative. D'un autre côté, inscrire, pour ce motif, une dépense quelconque au budget de l'État, était-ce prudent et raisonnable au moment où il allait avoir bien d'autres poids à supporter? Pour trancher la difficulté, on résolut de faire intervenir le département de la Seine dans l'arrangement à intervenir, et de la combinaison des trois intérêts naquit, par une espèce de transaction, l'article 8 de la loi du 21 avril, ainsi conçu :

Art. 8. Dans le cas où le département de la Seine, qui y est d'avance autorisé, consentirait à payer à tous les propriétaires de logements dont le prix annuel est de six cents francs ou moins, le tiers de ce qui leur restera dû par les locataires sur les termes échus en octobre 1870, janvier et avril 1871, sous la double condition que les propriétaires donneront quittance définitive du surplus et maintiendront leurs locataires en possession pour le terme d'avril à juillet prochain, l'État participera pour un tiers à ces payements, sans que cette participation puisse dépasser dix millions de francs.

Les locataires qui auront profité du bénéfice du paragraphe précédent devront acquitter exactement le montant du terme de juillet 1871 à son échéance, sous peine d'expulsion sans congé préalable et sur simple ordre du juge de paix.

Les propriétaires ou locataires qui feraient de fausses déclarations, dans le but d'obtenir ou de faire obtenir une indemnité supérieure à celle à laquelle les propriétaires auront droit, seront poursuivis devant les tribunaux correctionnels et passibles des peines portées à l'article 405 du Code pénal. L'article 463 du Code pénal sera applicable.

Les propriétaires qui n'accepteraient pas ce règlement devront porter leurs réclamations devant les jurys spéciaux, conformément aux articles précédents.

Ainsi, faculté aux propriétaires ou d'appeler leurs locataires devant les jurys, ou d'accepter l'indemnité éventuelle du département de la Seine et de l'État : tel était le sens et l'esprit de la loi. Si les locataires appelés devant les jurys étaient solvables, le tribunal arbitral pouvait les condamner à payer, nous dirons plus, il le devait.

Or tout le monde sait comment les choses se sont passées. La plupart des jurys, surtout dans les quartiers populeux, obéissant en quelque sorte à un mot d'ordre, accordaient, à peu d'exceptions près, à tous les locataires, ce qu'ils appelaient « le bénéfice de la loi » ;

en d'autres termes, ils donnaient un quitus aux locataires et renvoyaient le propriétaire à la perspective de l'indemnité. C'est d'ailleurs ce qu'a reconnu M. Dehaynin, dans son rapport au Conseil général, qui contient ce passage significatif : « Les locataires ont réclamé en masse le bénéfice de la loi, *et les jurys, en cas de refus*, N'ONT PAS HÉSITÉ A L'IMPOSER. »

Dans ces conditions, on en conviendra, la faculté d'appeler les locataires devant les jurys était purement illusoire; mais tout au moins est-il hors de doute (nonobstant une interprétation contraire et signalée plus loin) que, malgré l'appel de leurs locataires devant les jurys, tous les propriétaires ainsi déboutés, et dont les débiteurs ont eu « le bénéfice de la loi », doivent être appelés sans conteste, aujourd'hui, à revendiquer, eux, un autre bénéfice : celui de l'indemnité promise.

III. Pour que l'article 8 reçût son exécution, il fallait que le département de la Seine « consentît à payer à tous les propriétaires des logements dont le prix annuel est de 600 francs ou moins le tiers de ce qui leur resterait dû par les locataires sur les termes échus en octobre 1870, janvier et avril 1871 ». Le payement de l'indemnité était donc soumis à une condition suspensive, celle du consentement à donner par le département.

Or cette condition s'est pleinement réalisée, puisque, dans sa séance du 10 novembre 1871, le Conseil général de la Seine, en vertu de l'autorisation qui lui en avait été conférée par la loi du 21 avril, a d'abord voté les fonds nécessaires pour payer en sept années la part d'indemnité incombant au département (ou présumée telle), puis a nommé une Commission de cinq membres chargée d'assister le préfet de la Seine dans le règlement des indemnités.

« Dans le cas où le département consentirait..., dit notre article, l'État participera pour un tiers aux payements, sans que cette participation puisse dépasser dix millions de francs. » Du jour où le Conseil général a donné son adhésion, l'État s'est trouvé dès lors engagé lui-même, *ipso facto*, pour le payement de sa quote-part dans l'indemnité.

Cette indemnité constitue donc, à l'heure qu'il est, un fait acquis, indiscutable. D'ailleurs, la loi du 30 mars 1872, dont nous donnons le texte plus haut, a donné une pleine et entière consécration au droit des créanciers.

§ 2. *Avis préfectoraux concernant les déclarations. — Fixation du délai. — Mode des déclarations.*

IV. En présentant à l'Assemblée nationale, dans la séance du 6 septembre 1871, le projet de loi sur la constitution du Conseil général de la Seine, le ministre de l'Intérieur, M. Lambrecht, se basait, pour réclamer l'urgence, notamment « sur la nécessité qu'il y avait de régler certaines parties de la loi sur les loyers ».

La loi fut votée le 16 septembre et promulguée le 21.

V. Le 30 septembre 1871, M. Léon Say, préfet de la Seine, faisait placarder l'avis suivant sur les murs de Paris ;

PRÉFECTURE DE LA SEINE.

AVIS

Relatif à l'exécution de la disposition de la loi du 21 avril 1871, qui règle le payement des loyers de 600 fr. et au-dessous, pour les termes d'octobre 1870, janvier et avril 1871.

L'article 8 de la loi sur les loyers porte : « Dans le cas où le département de la Seine, qui y est d'avance autorisé, consentirait à payer à tous les propriétaires de logements dont le prix annuel est de 600 francs au moins, le tiers de ce qui leur restera dû par les locataires sur les termes échus en octobre 1870, janvier et avril 1871, sous la double condition que les propriétaires donneront quittance définitive du surplus et maintiendront leurs locataires en possession pour le terme d'avril à juillet prochain, l'État participera pour un tiers à ces payements, sans que cette participation puisse dépasser dix millions de francs. »

Le conseil général sera appelé prochainement à examiner s'il convient de mettre cette dépense à la charge du département, mais il ne pourra prendre de décision, dans une affaire de si grande conséquence, que lorsqu'il sera complétement éclairé sur l'étendue de la charge que l'exécution de l'article 8 ferait peser sur le département.

En conséquence, l'administration invite les propriétaires qui seraient dans le cas de réclamer le bénéfice de la disposition de l'article 8, à faire immédiatement leur déclaration, en ayant soin d'indiquer le nombre des logements pour lesquels ils réclament l'indemnité dont parle l'article 8, le prix annuel de location de chacun d'eux et le montant de ce qui leur reste dû pour les termes d'octobre 1870, janvier et avril 1871.

La déclaration devra être faite avant le 15 octobre prochain, à la mairie de l'arrondissement où sont situés les immeubles.

Modèle de déclaration.

Le soussigné (*nom*, *prénoms*, *domicile*) déclare :

1° Qu'il est propriétaire d'une maison sise à Paris, rue..., que cette maison se compose de . . . . logements loués au prix de. . . . . (Ne donner le détail que des logements de 600 fr. et au-dessous.)

2° Qu'il lui reste dû pour les termes d'octobre 1870, janvier et avril 1871, par ces derniers locataires, une somme de. . . . .

Le soussigné déclare, en outre, qu'il n'a pas présenté de réclamations devant le jury spécial pour le payement desdits loyers.

Paris, le.... octobre 1871.

Extrait de l'article 8.

« Les propriétaires ou locataires qui feraient de fausses déclarations, dans le but d'obtenir ou de faire obtenir une indemnité supérieure à celle à laquelle les propriétaires auront droit, seront poursuivis devant les tribunaux correctionnels et passibles des peines portées à l'article 405 du Code pénal. L'article 463 du Code pénal sera applicable. »

Paris, le 30 septembre 1871.

Le Préfet de la Seine, membre de l'Assemblée nationale,

Signé : LÉON SAY.

L'avis de M. le préfet laissait planer bien des incertitudes. La plupart des difficultés que soulevait son exécution, et sur lesquelles un grand nombre d'intéressés voulurent bien nous consulter, sont résumées dans un article inséré au journal *le Moniteur de la Propriété* du jeudi 12 octobre, que nous demandons la permission de reproduire :

Les déclarations que la préfecture de la Seine a, par son avis du 30 septembre dernier, invité les propriétaires de logements de 600 fr. et au-dessous à faire avant le 15 octobre courant abondent dans toutes les mairies de Paris, et principalement dans celles des quartiers populeux.

Nous avons fait remarquer, dans notre dernier numéro, que l'administration ne parlait pas des principaux locataires. Il est vrai qu'en cela elle a suivi pas à pas le texte de la loi, qui garde également le silence à leur égard. Nous ne reviendrons pas ici sur tout ce que nous avons dit précédemment, et notamment dans notre *Commentaire* de la loi sur les loyers, pour soutenir le droit incontestable des principaux locataires à l'indemnité. Nous regrettons seulement que la préfecture de la Seine n'ait pas cru devoir, tout en faisant ses réserves sur la solution de la question, si elle lui paraissait douteuse, appeler les principaux locataires à faire leurs déclarations comme les propriétaires. Les principales locations sont nombreuses à Paris. Sans parler des hôtels et maisons meublés, combien de propriétés particulières se trouvent dans ce cas! L'administration, qui tient, avec raison, à mettre sous les yeux du Conseil général les éléments propres à le fixer sur la valeur des sacrifices à imposer au département, se prive donc volontairement d'un de ces éléments, d'une importance notoire, et cela sans qu'il lui soit possible, quand le moment sera venu, de déterminer, même approximativement, le chiffre des réclamations qui seraient élevées de ce chef.

Quant aux propriétaires, il ne faut pas se dissimuler que beaucoup d'entre eux, absents de Paris, n'auront pas fait leurs déclarations avant le 15 octobre.

D'ailleurs, parmi ceux qui les font, l'incertitude est on ne peut plus grande. En voici quelques raisons :

Le modèle de déclaration, affiché par la préfecture, contient ces trois lignes : « Le soussigné déclare, en outre, qu'il n'a pas présenté de réclamations devant le jury spécial pour le payement des loyers. »

Or il en est beaucoup, parmi les propriétaires, qui au début, c'est-à-dire avant le 1er juillet 1871, ont porté leurs déclarations aux greffes des justices de paix. Les uns n'ont pas donné suite, en d'autres termes, ils n'ont pas cité leurs locataires devant les jurys ; les autres ont appelé leurs locataires, mais la plupart du temps les jurys, comme s'ils obéissaient à un mot d'ordre, surtout dans les centres populeux, ont accordé à ces locataires le bénéfice de la loi. Suivant leur interprétation plus ou moins exacte, ce bénéfice consistait à exonérer le locataire de ce qu'il restait devoir à son propriétaire sur les termes d'octobre 1870, janvier et avril 1871. Quelle est la situation de ces deux catégories de propriétaires, par rapport aux déclarations à faire?

Pour nous, la solution n'est pas douteuse. Les uns et les autres doivent être admis à réclamer. Il est évident, d'abord, que si j'ai fait ma déclaration avant le 1er juillet, mais sans y donner suite, cette déclaration doit être considérée comme n'ayant jamais existé. Que si, au contraire, j'ai cité mes locataires devant les jurys, ces derniers, en appliquant à mes débiteurs le bénéfice de la loi, c'est-à-dire en les exonérant des trois termes d'octobre, janvier et avril, n'avaient certainement pas l'intention de faire de la générosité à mes dépens. La conséquence de la décision des jurys ne pouvait être que celle-ci : « En libérant les locataires, nous renvoyons le propriétaire à se pourvoir, à ses risques et périls, devant le département de la Seine et l'État. » A notre avis, toute autre interprétation serait diamétralement opposée à l'esprit de la loi et aux notions de la plus simple équité. »

Mais comme la trop grande concision de l'avis préfectoral ne donne aux propriétaires aucun éclaircissement sur ces différents points, il y aura de ce côté encore des déclarations plus ou moins exactes, plus ou moins complètes.

Il est enfin une autre disposition de la loi, sur laquelle, en l'absence d'instructions administratives, nous avons rencontré chez les propriétaires une extrême divergence d'idées. L'article 8, nous ont-ils dit, n'accorde l'indemnité éventuelle qu'à ceux des propriétaires « qui auront maintenu leurs locataires en possession pour le terme d'avril à juillet. » Mais beaucoup de nos locataires sont partis *volontairement* au mois d'avril, un plus grand nombre encore a disparu, *sans notre fait*, bien entendu, par suite des événements de la Commune et lors de l'entrée des troupes à Paris. Ces locataires n'en sont pas moins nos débiteurs des trois termes. Est-ce que la disposition de l'article 8 nous interdit le droit de les comprendre dans notre déclaration?

Nous avons répondu et nous répondons encore : Évidemment non. Voici d'ailleurs ce que nous avons dit à ce sujet dans notre *Commentaire :*

Pour que les propriétaires de logements de 600 francs et au-dessous puissent réclamer le bénéfice de l'indemnité, l'article 8 leur demande une double condition : la première est qu'ils donnent quittance définitive à leurs locataires de ce qui leur restera dû, déduction faite de cette indemnité, et la seconde est qu'ils aient maintenu leurs locataires en possession pour le terme d'avril à juillet 1871.

En ce qui concerne la première condition, nulle difficulté. Il suffit d'observer que la quittance définitive ne s'applique qu'au solde des termes d'octobre, janvier et avril, et que pour les termes antérieurs, s'il lui en est dû, le propriétaire conserve tous ses droits. Mais la seconde nous paraît d'une interprétation plus difficile.

Il faut, dit la loi, que le propriétaire *ait maintenu son locataire en possession pour le terme d'avril à juillet.* Mais si pour ce terme, ou même avant, le locataire avait quitté les lieux loués, quelle serait la position du propriétaire? Pour résoudre la question il est bon de rechercher l'intention du législateur. Lors de la discussion de la loi, les propriétaires étaient, pour la plupart, créanciers de plusieurs termes, et comme le règlement d'indemnité proposé ne les couvrait que d'une partie, tout en les obligeant à donner quittance de la totalité, ils pouvaient, dans le silence de la loi, se considérer comme étant dans la position de tout propriétaire qui, en présence de l'insolvabilité de son débiteur, lui fait forcément remise de ses loyers, mais use en même temps du droit qu'il a de l'expulser immédiatement. C'est pour prévenir les conséquences fâcheuses d'une telle interprétation que la loi a cru devoir imposer aux propriétaires qui voudraient toucher l'indemnité l'obligation de conserver leurs locataires pour le terme d'avril à juillet. C'était donc une mesure prise uniquement dans l'intérêt du locataire. Si, par une cause quelconque, le locataire n'a point usé de cet avantage, *sans néanmoins qu'on en puisse imputer la faute au propriétaire*, il nous paraît évident que l'absence de cette condition ne pourra empêcher le propriétaire de toucher l'indemnité. En d'autres termes, pour qu'un propriétaire soit admis au bénéfice de l'article 8 pour tout ou partie des termes d'octobre, janvier et avril, il ne sera pas nécessaire qu'il justifie de la présence du locataire dans son logement pendant le terme d'avril à juillet; à quelque époque que ce locataire ait quitté, le propriétaire devra être admis à toucher le tiers de ce qui lui restera dû sur les trois termes ci-dessus, à moins que, par une déclaration du locataire ou par tout autre moyen de preuve, il ne soit établi que le propriétaire a contraint ce locataire à vider les lieux dans le cours du terme d'avril à juillet.

Ainsi ne doivent être exclues, suivant nous, des déclarations, que les sommes redues par les locataires *auxquels les propriétaires ont donné congé pour le terme d'avril.*

On voit que, même avec la plus entière bonne foi, bien des déclarations pourront ne pas offrir toute la régularité désirable.

L'administration doit s'y attendre. Pour aujourd'hui, ce qu'elle demande, c'est d'avoir un aperçu, aussi complet que possible, du montant des réclamations à soumettre au Conseil général. Aura-t-elle atteint son but? Nous avons rapidement exposé quelques-uns des motifs qui nous font craindre le contraire.

Dans l'intérêt général et pour avoir quelque chose, nous ne dirons pas de plus régulier, mais qui se rapproche davantage de l'exactitude, l'administration ne pourrait-elle pas prolonger de quelques jours le délai pour les déclarations, et donner en même temps son opinion sur les points dont nous avons parlé?

En tout cas, nous devons noter ceci : c'est que l'avis de la préfecture, du 30 septembre dernier, n'est et ne pouvait être qu'une simple *invitation* à fournir le montant de ses réclamations. Il n'y a donc pas *forclusion* pour ceux des intéressés qui n'auront pas produit leurs déclarations à la mairie avant le 15 octobre.

Enfin, si, pour les déclarations faites, il y a eu des erreurs commises, on sera toujours à temps de les rectifier lorsque le Conseil général ayant pris, ce qui nous paraît hors de doute, une décision favorable, l'administration exigera des ayants droit les documents propres à établir le montant de leurs réclamations.

Comment, d'ailleurs, le public aurait-il pu avoir des

idées bien arrêtées sur toutes ces questions, alors que l'administration flottait elle-même indécise au sujet du mode des déclarations? On se rappelle, en effet, qu'au début, des formules imprimées par ses soins se distribuaient tant à la préfecture que dans les mairies. Or, tandis que certains maires acceptaient les déclarations conformes à ces formules, d'autres jugeaient à propos de les refuser. Après quelques jours, les instructions premières avaient, paraît-il, été modifiées, sans que le public en fût avisé, et l'on enjoignit à quantité de propriétaires d'avoir à produire de nouveaux états, sous peine de déchéance.

VI. La rapidité avec laquelle devaient se faire un si grand nombre de déclarations rendait, pour ainsi dire, la confusion inévitable. Un journal rédigé et inspiré par des membres du Conseil général le proclamait en ces termes, dans un de ses numéros d'octobre :

Le Conseil général, qui se réunira, comme on sait, dans le courant de ce mois, aura à décider si le département peut s'imposer la dépense que nécessiterait le remboursement intégral ou partiel des sommes dues aux propriétaires.

Nous n'examinons pas en ce moment cette question en elle-même, mais nous ne pouvons nous empêcher de faire remarquer à quelles difficultés énormes se heurte l'application de la loi du 21 avril 1871. Déjà, les communications écrites envoyées dans le même but aux justices de paix avaient été si nombreuses que le dépouillement de cette correspondance était devenu impossible, et que les déclarations de ce genre, non suivies d'autres démarches, étaient restées inutiles.

Le même effet va se produire aujourd'hui; les paperasses qui s'accumulent actuellement dans les mairies sont bonnes, tout au plus, à servir de renseignements pour obtenir un total approximatif. Si le droit à l'indemnité était admis par le Conseil général, chacune de ces demandes devrait être l'objet d'une enquête minutieuse et approfondie, et nous doutons, pour ne pas dire plus, que l'administration vienne à bout d'un pareil travail.

S'en tenir aux déclarations des propriétaires est inadmissible; les vérifier est également impossible.

Telle est l'impasse à laquelle ont abouti les combinaisons alambiquées de nos législateurs; ils ont réussi à mécontenter les propriétaires aussi bien que les locataires, faute d'avoir su prendre une décision simple et équitable.

Les réclamations des ayants droit ne sont-elles pas arrivées aux oreilles de M. le préfet, ou les a-t-il jugées inopportunes? C'est ce que nous ignorons. Mais ce que nous savons, c'est que, le 27 octobre 1871, paraissait nouvel avis préfectoral ainsi conçu :

PRÉFECTURE DU DÉPARTEMENT DE LA SEINE

—

AVIS

Relatif à l'exécution de la loi du 21 *avril* 1871, *qui règle le payement des loyers de* 600 *francs et au-dessous pour les trois termes d'octobre* 1870, *janvier et avril* 1871.

Le délai accordé aux propriétaires qui se trouvaient dans le cas de réclamer le bénéfice de l'article 8 de la loi sur les loyers étant expiré depuis le 15 de ce mois, et le Conseil général étant appelé à prendre une décision, il ne sera plus accepté, à dater de ce jour, aucune déclaration ni dans les mairies d'arrondissements ni dans les bureaux de la préfecture de la Seine.

Paris, le 27 octobre 1871.

Le Préfet de la Seine, membre de l'Assemblée nationale,
LÉON SAY.

En reproduisant cet avis dans notre numéro du *Moniteur de la propriété* du 2 novembre, nous ajoutions :

La décision de M. le préfet de la Seine va surprendre, à coup sûr, un grand nombre d'intéressés. L'avis du 30 septembre dernier, par lequel l'administration engageait les propriétaires qui seraient dans le cas de réclamer le bénéfice de l'article 8 à faire leurs déclarations aux mairies d'arrondissement avant le 15 octobre, avait été généralement considéré comme une simple invitation ne devant faire encourir aucune déchéance aux propriétaires. La brièveté du délai fixé pour les déclarations, la forme très-sommaire dans laquelle elles devaient être faites (et qui a même été modifiée, sans que les propriétaires aient été avertis autrement que par la bouche des employés de mairie), enfin le motif pour lequel ces déclarations étaient demandées, qui paraissait être d'avoir un aperçu, aussi exact que possible, du montant des réclamations à mettre sous les yeux du Conseil général, tout devait confirmer dans la pensée qu'une fois la décision prise par ce dernier, l'administration donnerait un nouveau délai pour faire ou rectifier d'une manière uniforme les déclarations.

Tout au contraire, sous l'apparence d'un simple avis, M. le préfet de la Seine, sans nouvel avertissement, prononce la déchéance du propriétaire en retard et l'exclut purement et simplement de toute répartition à venir. La forclusion est toujours une mesure grave que les lois entourent de sages prescriptions. Celle-ci nous semble se produire dans des conditions qui méritent un sérieux examen.

Cet examen, nous allons le tenter. Par l'importance des intérêts qui en dépendent, la question vaut certes la peine qu'on s'y arrête.

§ 3. *Qui a droit à l'indemnité? — De ceux qui n'ont pas fait leurs déclarations du* 30 *septembre au* 15 *octobre* 1871.

VII. Notre point de départ est celui-ci.

Le droit à l'indemnité prévue par l'article 8 était soumis à une condition suspensive, celle du consentement à obtenir du département de la Seine. Du jour où l'événement auquel était subordonnée l'obligation s'est réalisé, c'est-à-dire du moment où, par l'organe de ses représentants légaux, le département de la Seine a consenti, cette obligation a reçu sa consécration, le lien de droit s'est trouvé indissolublement formé, d'une part entre les propriétaires, créanciers, et d'autre part entre le département et l'État, débiteurs. Une fois la condition réalisée, les engagements pris remontent, quant à leurs effets, au jour où l'obligation a pris naissance, et comme c'est la loi du 21 avril qui a créé l'obligation, autrement dit le droit à l'indemnité, c'est elle, et elle seule qui est le titre des créanciers, ce sont ses dispositions qui font la règle des parties.

Mais, dira-t-on, l'obligation n'existe réellement et le

2.

Conseil général de la Seine n'a entendu s'engager qu'envers ceux qui avaient fait les déclarations prescrites par l'arrêté préfectoral.

Pour que cet argument eût une apparence de valeur, il faudrait supposer que le Conseil a examiné toutes les déclarations une à une, qu'il les a totalisées, puis voté son chiffre d'impositions. Il n'en est rien. L'administration lui a présenté des chiffres, il a voté sur ces chiffres, mais sans s'immiscer en rien dans le contrôle des réclamations individuelles, sans préjuger en quoi que ce soit le bien ou mal fondé, l'adoption ou le rejet de chacune des déclarations. En cela, du reste, le Conseil se tenait à son rôle, qui était de refuser le payement ou de l'accepter, et une fois accepté, de voter des fonds pour faire face à la dépense qu'on lui présentait.

Nous verrons, en effet, plus loin, que quand même c'eût été son intention, il n'était pas au pouvoir du Conseil général de scinder son acceptation; pour lui, le principe de l'indemnité était *un*. Le répudier ou l'accepter, tel était son droit et son devoir. Quant aux conséquences à tirer du refus ou de l'acceptation, elles étaient posées d'avance dans la loi du 21 avril.

Si donc l'administration a pris un mode défectueux pour arriver à réunir le montant des créances, ceci ne peut porter aucune atteinte au droit acquis des créanciers.

VIII. En somme, de quoi vous plaignez-vous? nous répondra l'administration. Que l'on n'ait pas donné assez de temps aux ayants droit pour faire leurs déclarations? C'est un point dont nous étions juge. Blâmez, si vous voulez, le peu de ménagements pris envers les propriétaires, en un mot la forme du procédé, mais reconnaissez au fond que ce qui est fait est bien fait : car vous n'avez sans doute pas l'intention de contester au préfet le droit de prendre des arrêtés pour l'exécution des lois?

Afin de répondre catégoriquement à cette question, il faut se demander d'abord quelles sont les attributions des préfets, et voir ensuite quel est le caractère de l'avis préfectoral du 30 septembre.

« Les préfets, dit *M. Batbie* dans son excellent *Traité de droit public et administratif*, ont quatre qualités autour desquelles on peut grouper toutes les dispositions qui ont successivement enrichi leur compétence. Premièrement, ils sont les délégués du Gouvernement pour tout ce qui concerne l'exécution des lois et règlements. Deuxièmement, ils représentent le domaine de l'État. Troisièmement, ils représentent les départements comme personnes morales, toutes les fois qu'il s'agit de faire un acte judiciaire ou extrajudiciaire concernant le patrimoine départemental. Quatrièmement, ils sont les tuteurs des communes et autres établissements publics ou d'utilité publique situés dans leur ressort. Délégation du pouvoir central, représentation du département, tutelle des établissements de main-morte, ces quatre caractères résument toutes les attributions des préfets. »

Or, en quelle qualité M. le préfet de la Seine agissait-il quand il publiait son avis? Il nous paraît évident que c'était comme *délégué du pouvoir central* pour l'exécution de la loi votée. D'ailleurs, l'intitulé même du document en est une preuve suffisante : *Avis relatif à l'exécution de la loi du 21 avril 1871*. Il y aurait peut-être lieu d'examiner si, dans la forme où il est publié, cet avis doit être considéré comme une *disposition réglementaire* (dans ce cas, il doit figurer au *Bulletin des actes de la préfecture*), et si, même contrairement à ce qu'a maintes fois décidé la Cour de cassation, le préfet a le droit de faire des règlements *en d'autres matières que celles intéressant la sûreté publique*. Mais admettons que cet *avis* soit un *arrêté réglementaire* relatif à l'exécution de la loi, il faudra bien reconnaître, en tout cas, que le pouvoir réglementaire des préfets n'est pas supérieur au pouvoir législatif. Ainsi que l'exprime fort bien *M. Batbie*, « les lois et les règlements d'administration publique sont obligatoires pour les préfets, en ce sens d'abord qu'ils sont tenus de faire tous les actes qui leur sont prescrits par des dispositions formelles. D'un autre côté, *lorsqu'ils font eux-mêmes des règlements départementaux, il ne leur est pas permis d'aller contre les dispositions de la loi* ou du règlement d'administration publique; *car la loi* et le règlement d'administration publique *procèdent de pouvoirs placés au-dessus du préfet*, et UNE DISPOSITION ÉMANANT DE L'INFÉRIEUR QUI SERAIT CONTRAIRE AUX PRESCRIPTIONS DU SUPÉRIEUR VIOLERAIT TOUTES LES RÈGLES DE LA HIÉRARCHIE. »

La loi du 21 avril avait créé un droit au profit de *tous* les propriétaires, sans exception, qui n'auraient pas appelé leurs locataires devant les jurys. « Ils seront réputés, dit l'article 10, avoir accepté le règlement de l'indemnité. » Ce droit était, à la vérité, subordonné à une condition suspensive : celle du consentement à obtenir du département de la Seine. Or, cette condition, quelle autorité avait qualité pour l'accepter ou la refuser au nom du département? Était-ce le préfet, comme représentant les intérêts départementaux? Même d'après le décret du 13 avril 1861, le préfet aurait été incompétent pour statuer sur la question en dehors de l'approbation du chef de l'État, et cela parce qu'il s'agissait d'une contribution extraordinaire à imposer au département de la Seine. Mais, dans la pensée du législateur, un seul pouvoir devait être appelé, dans cette question, à parler au nom du département de la Seine : c'était le Conseil général. En effet, lorsque le ministre de l'Intérieur demandait d'urgence le vote de la loi sur le Conseil général de la Seine, l'un de ses principaux motifs était que la prompte organisation du Conseil était nécessaire « pour régler certaines parties de la loi sur les loyers ».

IX. Ainsi nul doute à cet égard, le Conseil général avait *seul* qualité pour décider si le département payerait ou non l'indemnité. Jusqu'à sa décision, il n'était au pouvoir de personne de préjuger la question. Chaque propriétaire avait un droit éventuel subordonné à cette décision, et aucune autorité, fût-ce l'Assemblée nationale elle-même qui avait créé le droit, ne pouvait le ravir à un seul de ceux qui se trouvaient dans l'hypothèse prévue par la loi, avant l'avénement de cette condition.

Bref, en publiant son avis, le préfet agissait et ne pouvait agir que comme délégué du pouvoir central.

Il ne pouvait, sous forme d'avis, d'interprétation ou de disposition réglementaire pour arriver à l'exécution de la loi, rien faire qui dépassât les prescriptions de cette loi. Un droit était créé sous condition suspensive, droit qu'il n'appartenait plus au législateur lui-même de pouvoir anéantir : a plus forte raison le délégué du pouvoir central ne pouvait-il, sans excéder ses pouvoirs, prendre des mesures qui, avant la décision de la seule autorité compétente, le Conseil général, avaient pour but de détruire ce droit entre les mains de tout ou partie de ceux que la loi en avait investis.

Veut-on prétendre que le préfet agissait comme représentant du département? Dans ce cas, l'arrêté pris sortait du domaine de sa compétence administrative; ses attributions ne lui donnaient pas le droit de préjuger une question de contribution extraordinaire à mettre à la charge du département, et dont la solution appartenait exclusivement au Conseil général; or, en fait, c'était préjuger la question que d'admettre ou de rejeter, sous un prétexte ou sous un autre, ceux qui, armés du droit éventuel qu'ils tenaient de la loi, n'avaient de décision valable et définitive à attendre que d'une seule autorité, le Conseil général de la Seine.

Est-il nécessaire d'ajouter que le préfet n'agissait pas davantage au nom du Conseil général, et cela par une bonne raison : c'est qu'au moment où les avis préfectoraux ont été publiés, le Conseil général n'était pas encore constitué, et que dès lors il n'avait pas d'existence légale.

Ainsi, soit comme délégué du pouvoir central, soit comme représentant du département, le préfet ne pouvait trouver dans ses attributions ordinaires la compétence nécessaire pour exclure, sous prétexte de non-déclaration ou sous tout autre motif, aucun des ayants droit à l'indemnité.

Cette compétence M. le préfet l'a-t-il puisée dans la loi du 21 avril ou dans une autre loi postérieure? Il n'est pas, que nous sachions, de disposition législative qui la lui ait conférée.

X. Nous venons d'examiner les conséquences de la mesure au point de vue des règles administratives. Voyons-les maintenant au point de vue du droit commun.

Le rapport de M. Courbet-Poulard, sur le projet de la loi votée le 30 mars, dit ceci : « Le chiffre de 38 millions (montant des déclarations faites) ne saurait être dépassé dans aucun cas, attendu que les intéressés ont été régulièrement avertis d'avoir à se présenter avant le 10 novembre, sous peine de forclusion. » Ce qui a trait à la *régularité de l'avertissement* vient d'être discuté, nous n'avons pas à y revenir. D'ailleurs, avec tout le respect que nous devons aux paroles de l'honorable député, on peut voir, par le texte des avis préfectoraux, qu'ils étaient loin de revêtir la forme impérative énoncée dans le rapport.

Le premier avis *invitait* les propriétaires à faire leurs déclarations avant le 15 octobre, et pourquoi cette invitation? parce que « le Conseil général allait être appelé à examiner s'il convenait de mettre la dépense à la charge du département ; « mais il ne pourrait, ajoute « l'avis, prendre de décision, dans une affaire de si

« grande conséquence, que lorsqu'il serait complète-« ment éclairé sur l'étendue de la charge que l'exécu-« tion de l'article 8 ferait peser sur le département. » C'était donc purement et simplement, comme l'a dit, cette fois plus justement, M. Courbet-Poulard, « UNE ENQUÊTE ouverte par l'administration pour arriver à connaître le montant des sommes dues aux propriétaires placés dans les conditions que le législateur a si bien définies. » Cette enquête pouvait aboutir à un degré d'exactitude plus ou moins grand ; le moyen employé par l'administration pour connaître la vérité était plus ou moins bon, mais ce n'était toujours qu'une enquête qui ne pouvait avoir d'autre but et d'autre effet que d'éclairer le Conseil général. L'administration semblait dire aux propriétaires : « Je suis embarrassée pour connaître tous ceux à qui il est dû, ainsi que le chiffre de leurs réclamations ; veuillez m'indiquer le montant de vos créances, vous me rendrez service. » Et de cette invitation ainsi présentée on voudrait ensuite se faire une arme pour écarter, sans autre forme de procès, ceux qui, fort involontairement, n'ont pu, par le dépôt du chiffre de leurs créances, venir éclairer l'administration comme elle le demandait ? Ceci nous semble impossible, en fait et en droit.

En fait, l'enquête ouverte par l'avis préfectoral était une mesure prise, en réalité, plutôt *dans l'intérêt de l'administration*, pour lui mettre en mains les éléments dont elle avait besoin, que dans l'intérêt des propriétaires; elle ne peut donc tourner contre ces derniers.

En droit, on prétend que ceux qui ne se sont pas

rendus à l'invitation sont forclos? Qu'est-ce donc que la forclusion? C'est le rejet, prononcé par le juge qui préside à une distribution de deniers, de toute créance dont le titre n'a pas été produit dans le délai fixé. Or, est-ce que dans l'espèce il y avait une contribution ouverte, une distribution de deniers quelconque? Nullement. Loin que la somme à payer fût liquide et disponible, il s'agissait au contraire, et c'était là le seul motif des déclarations, de réunir les documents nécessaires pour déterminer l'étendue de la dette, pour en fixer le chiffre approximatif. *Ainsi, pas de distribution, dès lors pas de forclusion possible.*

Mais, au surplus, il faut bien le remarquer, qui dit forclusion ne dit pas déchéance, annulation du titre. On sait en effet, et la jurisprudence est constante sur ce point, que le juge compétent peut écarter d'une contribution, autrement dit forclore un créancier qui n'a pas produit en temps utile, mais cette forclusion n'annule aucunement le titre du créancier qui a fort bien le droit de se présenter à toute autre distribution venant à s'ouvrir sur son débiteur.

XI. En résumé, s'il s'était agi de procéder à une distribution de deniers votée par le Conseil général, le préfet de la Seine aurait pu, comme représentant le département, trouver dans ses pouvoirs d'administration la compétence nécessaire pour fixer le délai des déclarations à faire par les intéressés, et prononcer la forclusion contre tout propriétaire en retard. La *forclusion*, disons-nous, et rien de plus, car, dans ce cas, le pouvoir du préfet, pas plus que celui du juge compétent, ne peut s'élever jusqu'à l'annulation du titre ou du droit légalement reconnu.

Mais alors qu'il n'y avait pas distribution de deniers, la fixation du délai dans lequel les déclarations devraient être faites sortait des attributions du préfet, qu'il statuât comme délégué du pouvoir central pour l'exécution de la loi ou comme représentant le département. Une loi spéciale pouvait seule lui conférer ce droit, elle n'existe pas; conséquemment, absence de qualité ou plutôt excès de pouvoir dans la décision préfectorale qui fixe ce délai et se base sur le défaut de déclaration dans le temps prescrit pour annuler le titre des créanciers retardataires.

Notons que ce qui est vrai vis-à-vis du département de la Seine l'est, à plus forte raison, vis-à-vis de l'État, débiteur entièrement distinct et qui n'a rien fait jusqu'ici pour la liquidation de sa dette.

XII. Puisqu'aucun titre n'a pu être annulé, aucune forclusion prononcée, il en résulte que tous les créanciers indistinctement ont le droit de produire à la contribution qui doit s'ouvrir sur les fonds votés par le Conseil général.

Mais nous allons plus loin. Nous osons prétendre que le département de la Seine doit pour sa quote-part, c'est-à-dire pour deux tiers, rembourser à *tous les propriétaires* qui se trouvent dans l'hypothèse de la loi du 21 avril, l'*intégralité de ce qui leur reste dû sur les termes d'octobre* 1870, *janvier et avril* 1871, et cela sans aucune distinction entre ceux qui ont ou qui n'ont pas fait leurs déclarations. C'est sur le texte même de la loi que nous nous appuyons pour décider ainsi.

Que dit en effet l'article 8 : « Dans le cas où le département de la Seine consentirait à payer A TOUS LES PROPRIÉTAIRES de logements dont le prix annuel est de 600 francs ou moins le tiers de ce qui leur restera dû sur les termes échus en octobre 1870, janvier et avril 1871..., l'État participera pour un tiers à ces payements.

« Les propriétaires qui n'accepteraient pas ce règlement devront porter leurs réclamations devant les jurys spéciaux. »

Et l'article 10 ajoute :

« Les propriétaires qui, avant le 1er juillet 1871, n'auront pas saisi le jury spécial de leur demande, conformément au dernier paragraphe de l'article 8, SERONT RÉPUTÉS AVOIR ACCEPTÉ LE RÈGLEMENT déterminé par les deux premiers paragraphes du même article. »

Le Conseil général avait certainement le droit de se refuser au payement de l'indemnité, il était le maître absolu de ne pas engager le département ; mais du moment où il adhérait au payement, ainsi d'ailleurs que la loyauté l'y obligeait, son consentement impliquait l'acceptation pure et simple des conditions posées par le législateur, et à l'exécution desquelles était subordonnée l'autorisation que l'Assemblée lui donnait de prendre un engagement. Les membres du Conseil général savaient donc bien que le fait de leur adhésion créait un droit au profit de chacun des intéressés qui avaient satisfait au vœu de la loi. Ces intéressés, quels étaient-ils? « Tous ceux, sans exception, qui, n'ayant pas saisi le jury spécial de leur demande, étaient réputés avoir accepté le règlement de l'indemnité. » (Art. 10.)

Et puisque l'acceptation des intéressés à ce règlement était acquise à l'avance, dès l'instant où le Conseil général a donné son consentement, l'accord des deux volontés s'est rencontré, le lien de droit s'est formé comme le veut la loi, et le contrat est devenu indissoluble. La loi du 21 avril et l'adhésion du Conseil général, tels sont les titres de chaque créancier individuellement, titres régis et protégés par le droit commun, et que, suivant nous, un simple avis de M. le Préfet n'a pu et ne peut anéantir. Il s'ensuit dès lors que le département doit pourvoir au payement intégral de toutes les créances, du moins pour sa quote-part, et que si les fonds votés par le Conseil général sont insuffisants, il y aura lieu d'en voter de nouveaux.

XIII. Mais si le Conseil général, et non plus le préfet, a décidé, lui, comme on nous l'affirme, que les réclamations ne seraient plus admises après son vote du 10 novembre, respect est dû à sa décision? Nous avons le regret de ne point partager cette opinion; voici pour quel motif :

Nous avons établi que le Conseil général, en adoptant le principe de l'indemnité, ne pouvait pas scinder son engagement, l'accorder aux uns et la refuser aux autres. Son consentement le constituait débiteur, sans condition, vis-à-vis de tous les ayants droit. Or, si le préfet n'avait pas qualité pour rompre le contrat formé, à plus forte raison doit-on dénier cette faculté au Conseil général, représentant le débiteur. Il serait, en effet, vraiment singulier que le débiteur eût le droit, parce que son créancier n'a pas produit son titre dans le délai qu'il lui assigne, de prononcer la déchéance de ce créancier et d'annuler son titre ; ce serait un moyen par trop commode de procéder à sa libération.

Il faut bien remarquer, en effet, et nous insistons sur ce point capital, que le Conseil général ne votait pas une dépense facultative à laquelle il était libre d'apposer telle ou telle condition. Il avait le droit de refuser ou d'accepter, mais son acceptation le rendait débiteur pur et simple envers tous les ayants droit, sans aucune exception, et, à partir de son vote, il rentrait sous l'empire du droit commun et des lois existantes. La mission du Conseil général est de voter les dépenses. Quant à l'opération matérielle du payement de ces dépenses et au délai dans lequel les ayants droit doivent se présenter pour recevoir, ce sont tous détails en dehors de sa compétence. S'il y porte les mains, il sort du cercle de ses attributions, et, partant, lui aussi excède ses pouvoirs.

XIV. Mais, va-t-on nous dire, en refusant au préfet, en déniant au conseil général le droit de fixer un délai pour les déclarations, vous laissez chaque créancier libre de faire sa réclamation quand il lui conviendra, et partant vous donnez à la liquidation de l'indemnité une durée indéfinie. Est-ce admissible ?

La réponse est facile, et nous l'avons déjà fait pressentir dans nos explications. Si le préfet de la Seine et le Conseil général n'ont pas qualité pour fixer le délai des déclarations, il est un pouvoir, mais un seul, auquel on ne saurait la refuser, c'est l'Assemblée nationale. Que l'Assemblée vote une loi par laquelle elle obligera tous les intéressés à fournir leurs réclamations dans un délai fixé, oh! alors personne ne pourra contester à M. le préfet de la Seine le droit de prendre, en vertu de cette loi, tels arrêtés qu'il jugera convenables pour prononcer non-seulement la forclusion, mais la déchéance absolue contre les créanciers retardataires. Il appartient, en effet, au législateur qui a créé le droit à l'indemnité de déterminer les limites qu'il entend assigner à l'exercice de ce droit spécial; il peut donc, à cette fin, créer une prescription nouvelle et tout exceptionnelle. Le principe de l'indemnité est né d'une dérogation au droit commun, il s'éteindrait ainsi de la même manière.

XV. Il est d'ailleurs une loi, ayant beaucoup de similitude avec celle du 21 avril, dont le texte et l'application viennent appuyer notre argumentation : c'est la la loi du 6 septembre 1871, par laquelle l'Assemblée nationale a voté le principe d'un dédommagement à accorder à tous ceux qui ont subi des pertes pendant l'invasion.

Voici la loi:

Art. 1er. Un dédommagement sera accordé à tous ceux qui ont subi, pendant l'invasion, des contributions de guerre, des réquisitions soit en argent, soit en nature, des amendes et des dommages matériels.

Art. 2. Ces contributions, réquisitions, amendes et dommages seront constatés et évalués par les commissions cantonales qui fonctionnent en ce moment sous la direction du ministre de l'Intérieur.

Une commission départementale revisera le travail des commissions cantonales et fixera le chiffre définitif des pertes justifiées. Cette commission sera composée du préfet, président, de quatre conseillers généraux désignés par le conseil général et de quatre représentants des ministres de l'Intérieur et des Finances.

Art. 3. Lorsque l'étendue des pertes aura été ainsi constatée, une loi fixera la somme que l'état du Trésor public permettra de consacrer à leur dédommagement et en déterminera la répartition.

Une somme de cent millions sera mise immédiatement à la disposition du ministre de l'intérieur et du ministre des finances et répartie entre les départements, au prorata des pertes qu'ils ont éprouvées, pour être distribuée par le préfet, assisté d'une commission nommée par le conseil général et prise dans son sein, entre les victimes les plus nécessiteuses de la guerre et les communes les plus obérées. Cette première allocation fera partie de la somme totale attribuée à chaque département pour être répartie entre tous les ayants droit.

Art. 5. Indépendamment des dispositions qui précèdent, les contributions en argent, perçues à titre d'impôts par les autorités allemandes, seront réglées ainsi qu'il suit :

§ 1er. Les communes qui ont versé des sommes à titre d'impôts seront remboursées de leurs avances par le Trésor.

§ 2. Les contribuables qui justifieront du versement de sommes au même titre, soit entre les mains des Allemands, soit aux autorités municipales françaises, seront admis à en appliquer le montant en déduction de leurs contributions de 1870 et 1871.

Ils seront tenus de produire dans le délai d'un mois leurs pièces justificatives.

Ainsi, deux points distincts : 1° Dédommagement pour les pertes éprouvées, pendant la guerre, par le fait de l'invasion et première allocation d'une somme de cent millions à répartir entre les départements au prorata des pertes; 2° Remboursement des sommes versées, à titre d'impôt, soit aux Allemands, soit aux autorités municipales françaises.

1° *Dédommagement.* Tous ceux qui ont subi des pertes doivent y participer; seulement il faut examiner le bien ou mal fondé de chacune des réclamations. A cet effet, l'Assemblée nationale décide qu'une commission départementale (dont elle prend soin d'indiquer la composition) « revisera le travail des commissions cantonales et fixera le chiffre définitif des pertes justifiées ». Les commissions départementales étaient donc les tribunaux du dernier ressort, elles seules avaient le droit d'accepter ou de rejeter définitivement les réclamations.

En ce qui concerne la distribution des deniers, le ministre de l'Intérieur a d'abord réparti les cent millions entre les trente-quatre départements qui avaient subi des pertes. Cette répartition a été approuvée par un arrêté du président de la République en date du 21 octobre 1871. Puis, une fois le contingent de chaque département fixé, le ministre a envoyé à MM. les préfets une circulaire ainsi conçue :

« Je viens de répartir, en exécution de l'article 5 de la loi du 6 septembre 1871, les cent millions votés dans ce but. *C'est maintenant à vous, monsieur le Préfet, qu'il appartient de distribuer*, avec l'assistance d'une commission nommée par le Conseil général, *la somme mise à votre disposition*. . . . . . . »

En deux mots : 1° Vote par l'Assemblée nationale d'un dédommagement et d'une première allocation de 100 millions ; 2° Constitution de commissions départementales pour fixer définitivement le chiffre des pertes justifiées par chaque réclamant ; 3° Répartition des 100 millions faite entre les départements par le ministre de l'Intérieur et approuvée par le président de la République; 4° enfin, Distributionpar les préfets, entre les intéressés, de la somme assignée à chaque département : telle a été la filière adoptée pour l'application de la loi sur l'*indemnité de guerre*. — Et notons bien ceci : *le rôle des préfets n'a commencé que quand il s'est agi de procéder à la distribution des fonds*.

Passons maintenant à l'*indemnité des loyers :* 1° Le 21 avril 1871, l'Assemblée nationale adopte en principe cette indemnité, sous la réserve du consentement à obtenir du département de la Seine. 2° Le 10 novembre 1871, le Conseil général de la Seine adhère au payement et vote des fonds pour y faire face. 3° Une commission nommée en partie par le Conseil général, et en partie par les ministres de l'Intérieur et des Finances, est chargée de procéder à l'examen des créances.

Jusqu'ici la marche adoptée pour l'application des deux lois nous paraît absolument la même. Poursuivons:

En ce moment, la commission de dix membres instituée comme nous venons de le dire fait son travail de vérification. Elle seule a le pouvoir d'examiner les droits de chacun, d'admettre ou d'écarter les réclamations. Mais ce pouvoir, pour l'exercer, ne faut-il pas nécessairement que la commission appelle à sa barre tous ceux sans exception qui, se trouvant dans les conditions de la loi du 21 avril, ont des réclamations à faire? N'est-ce pas seulement à la fin de son travail, et sous peine d'anticiper sur ses attributions, que le rôle de M. le préfet de la Seine doit commencer? En d'autres termes, une fois les créances vérifiées, c'est (en reproduisant, par analogie, la phrase de la circulaire ministérielle), c'est, disons-nous, à M. le préfet de la Seine qu'il appartiendra de distribuer les sommes mises à sa disposition par le Conseil général. Jusqu'à cette distribution, toute intervention étrangère à celle de la commission doit être considérée comme prématurée, sans valeur et sans effet.

2° *Remboursement des impôts.* Il ne s'agit plus ici d'un dédommagement plus ou moins aléatoire et facultatif: quiconque a payé doit être remboursé ; il lui suffit de produire ses pièces, on les contrôle et tout est dit. Or, comme, dans l'espèce, il y a droit acquis et qu'en l'absence d'une disposition contraire ces nouveaux créanciers de l'État auraient la liberté de réclamer tant que la prescription ne les aurait pas atteints, la loi prend la sage précaution de fixer immédiatement le délai dans lequel ils devront déposer leurs titres. « Ils seront tenus, dit l'article 5, de produire dans le délai d'un mois leurs pièces justificatives. » Eh bien ! pour l'indemnité des loyers, les propriétaires ne sont-ils pas absolument dans le même cas ? N'ont-ils pas, eux aussi, un droit acquis et reconnu ? Dès lors, pour ceux-ci comme pour les premiers, avons-nous tort de soutenir que l'Assemblée seule a qualité pour déterminer le délai dans lequel les pièces devront être produites, et que, jusque là, les créanciers du département de la Seine et de l'État sont régis et protégés par le droit commun ? Le préfet, *procédant à une distribution de deniers*, pourrait certainement forclore les créanciers retardataires, mais jamais annuler leurs titres.

XVI. De notre étude ressortent les déductions suivantes :

1° Par le seul fait de l'adhésion du conseil général au payement de l'indemnité, le département de la Seine et l'État se sont trouvés liés, *ipso facto*, vis-à-vis de tous les ayants droit indistinctement.

2° Il n'y a jamais eu de distribution ouverte, et dès lors pas de forclusion possible. D'ailleurs, en l'absence de toute disposition légale, ni le préfet ni le conseil général n'auraient eu qualité pour prononcer la déchéance.

3° Le droit des créanciers du département de la Seine et de l'État étant régi par la loi commune, le titre de chacun d'eux ne peut, sous aucun prétexte, être annulé que par une autorité ayant pouvoir à cet effet.

4° Ni le préfet ni le conseil général n'avaient pouvoirs suffisants pour fixer le délai dans lequel se feraient les déclarations.

5° S'il en est ainsi, tous les intéressés, sans exception, sont restés dans la plénitude de leurs droits, et chacun d'eux doit être admis, au *prorata* de sa créance, à la répartition des sommes votées par le conseil général et de celles dues par l'État.

6° Enfin si les fonds votés sont insuffisants pour payer en entier la quote-part à la charge du département, les créanciers puisent dans la loi, sanctionnée par l'adhésion du conseil général, le droit de demander à leur débiteur de vouloir bien prendre les mesures nécessaires pour solder le montant des engagements pris à leur égard.

III

Mode de payement de l'indemnité. — Délibération du Conseil général de la Seine du 22 avril 1872. — Commission nommée pour l'examen des déclarations.

XVII. « Bien que l'évaluation plus ou moins approximative de 38 millions, dit M. Courbet-Poulard dans son rapport, ne soit pas assez stable, assez solide pour servir de base définitive à nos calculs, nous l'admettons néanmoins ici, mais sous toutes réserves, afin de ne point faire pâtir davantage des intérêts légitimes qui attendent depuis longtemps déjà.

. . . .

« Pour se libérer, chacun en ce qui le concerne, l'État et le département ont, l'un et l'autre, pris leurs mesures.

« Le Conseil général de la Seine se propose d'acquitter, au moyen de sept annuités, productives d'intérêt pour les indemnitaires, les deux tiers à la charge du département.

« Le ministre des Finances adopte, pour l'autre tiers incombant à l'État, le même mode de libération.

« Les deux opérations, si naturellement connexes, se

fondant en une seule, les créanciers se trouveront en présence d'un débiteur unique. De là, une grande simplification dans le fonctionnement de la liquidation générale et une économie considérable de frais pour les ayants droit, qui se trouvent dispensés désormais de démarches indécises et fatigantes, de dérangements multiples et onéreux.

. . . .

« Une combinaison pour la libération simultanée des deux dettes exprimera en un même titre, émis par le département comme principal débiteur, la créance en partie double qui est à solder.

« L'État, lui, inscrira à son budget l'annuité de 750,000 fr. correspondant à la part contributive du Trésor, et, grâce à l'échelonnement de ses 4,233,000 fr. sur sept années, les prévisions budgétaires de l'exercice ne seront nullement atteintes.

« Déjà, afin d'entrer dans cette voie, le Gouvernement a déposé, le 14 mars courant (1872), un projet de loi pour l'ouverture d'un crédit de 750,000 fr. qui représente la première des sept annuités du contingent dont il est redevable ; ce crédit portant sur l'exercice 1872. »

De son côté, le Conseil général de la Seine a, dans sa séance du 23 avril dernier, adopté des modifications par virements de crédits au budget du département pour 1872, à l'effet de créer, pendant cette année, une annuité égale au 7e de la somme mise à la charge du département par la loi du 21 avril 1871 (mais toujours d'après la base des déclarations faites).

Ces différentes mesures de trésorerie impliquent assurément la volonté de se libérer envers les ayants droit.

Mais de là au payement effectif en argent ou en bons, il peut encore y avoir de la marge.

En effet, avant de procéder à la distribution entre les créanciers, il faut examiner les déclarations faites, vérifier leur exactitude et leur sincérité.

« Une commission mixte de dix membres, dont la haute compétence et la consciencieuse perspicacité sont garanties à l'avance par le choix tout spécial dont ils seront l'objet, soit de la part du ministre de l'Intérieur, soit de la part du Conseil général de la Seine ; une commission aura pour mandat de contrôler la valeur des différentes demandes qui se sont produites, de donner à chacune la satisfaction qui lui appartient, d'arrêter les tentatives plus ou moins hasardées et d'embrasser tous les détails d'exécution relatifs au payement. » (*Rapport de M. Courbet-Poulard.*)

Cette commission a été nommée, elle se compose de :

MM. Courbet-Poulard, Labélonye, Noël Parfait, députés ;

MM. Hébert, chef de division, et Mantz, chef de bureau au ministère de l'Intérieur ;

MM. Courcier, chef du mouvement des fonds au ministère des Finances ; Chevrier, inspecteur des finances.

Ces membres sont désignés par les ministres des Finances et de l'Intérieur ; M. Léon Say leur est adjoint.

MM. Vautrain, Alb. Dehaynin, Martial Bernard, Tranchant, Riant, membres du Conseil général de la Seine ;

MM. Husson, secrétaire général de la préfecture de la Seine; Pelletier, directeur de l'administration générale; de Lamorinerie, Corot et Pilon, chefs de division à la préfecture.

M. Léon Say, préfet de la Seine, est le président de la commission.

Elle a tenu sa première réunion au palais du Luxembourg le vendredi 10 mai dernier (1872).

XVIII. Comment la commission va-t-elle procéder pour contrôler les nombreuses déclarations faites aux mairies (on sait qu'elles se sont élevées à près de 40,000), et mener rapidement son travail à bonne fin? Nous l'ignorons. Mais comme elle ne peut apurer définitivement l'état de chaque créance sans justification de pièces, et peut-être sans appeler les intéressés, il est aisé de pressentir que ses opérations dureront un certain temps.

L'administration sait, à coup sûr, combien est tendue la position d'un certain nombre de propriétaires de ces petits logements qu'il s'agit d'indemniser. Aussi devons-nous espérer que, d'accord avec la commission, elle s'inspirera des paroles de M. le rapporteur de la loi du 30 mars, et que les mesures adoptées pour arriver à une conclusion seront prises avec la volonté « de ne point faire pâtir davantage des intérêts légitimes qui attendent depuis longtemps déjà. »

La question des loyers, personne ne l'ignore, a profondément agité la population parisienne. Nous qui l'avons suivie très-attentivement et dans tous ses détails, depuis son début pendant le siége, nous pouvons assurer qu'elle a pesé lourdement et pèse encore de tout son poids sur la situation.

Nous l'avons dit au début, nous le répéterons à la fin : puisque, dans un intérêt d'ordre public, l'Assemblée souveraine a cru devoir imposer un très-grand sacrifice à la propriété, son honneur est engagé, tout au moins, à lui procurer avec loyauté le faible dédommagement qu'elle lui a promis. Cette dette est sacrée, et pas un seul de ceux qui ont eu foi dans les engagements pris ne doit être mis en position de regretter d'avoir mis sa confiance dans la signature des représentants du pays. L'indemnité a été stipulée pour tous ; que tous, sans exception, soient mis à même de la recevoir !

AVIS IMPORTANT

Nous apprenons qu'il vient de se former, *exclusivement au point de vue de l'indemnité des loyers*, un COMITÉ DE PROPRIÉTAIRES ET PRINCIPAUX LOCATAIRES, ayant son siége à Paris, rue Taitbout, n° 80.

Ce Comité se propose :

1° D'examiner en commun les mesures à prendre pour sauvegarder les droits acquis;

2° D'aviser aux moyens et de faire les démarches nécessaires pour arriver à une liquidation aussi prompte que possible.

Tous ceux qui ont consenti des remises de loyers, QU'ILS AIENT FAIT OU NON LEURS DÉCLARATIONS AUX MAIRIES, sont admis à faire partie de ce Comité.

Ils peuvent envoyer leur adhésion par écrit au secrétariat du Comité, rue Taitbout, n° 80, ou au journal *le Moniteur de la propriété*, rue Richelieu, n° 15 (par lettre affranchie).

On est prié d'indiquer très-lisiblement ses nom et adresse.

---

466. — Paris, imprimerie Jouaust, rue Saint Honoré, 338.

www.ingramcontent.com/pod-product-compliance
Ingram Content Group UK Ltd.
Pitfield, Milton Keynes, MK11 3LW, UK
UKHW012109240726
13965UKWH00004B/1647